にほんのちず

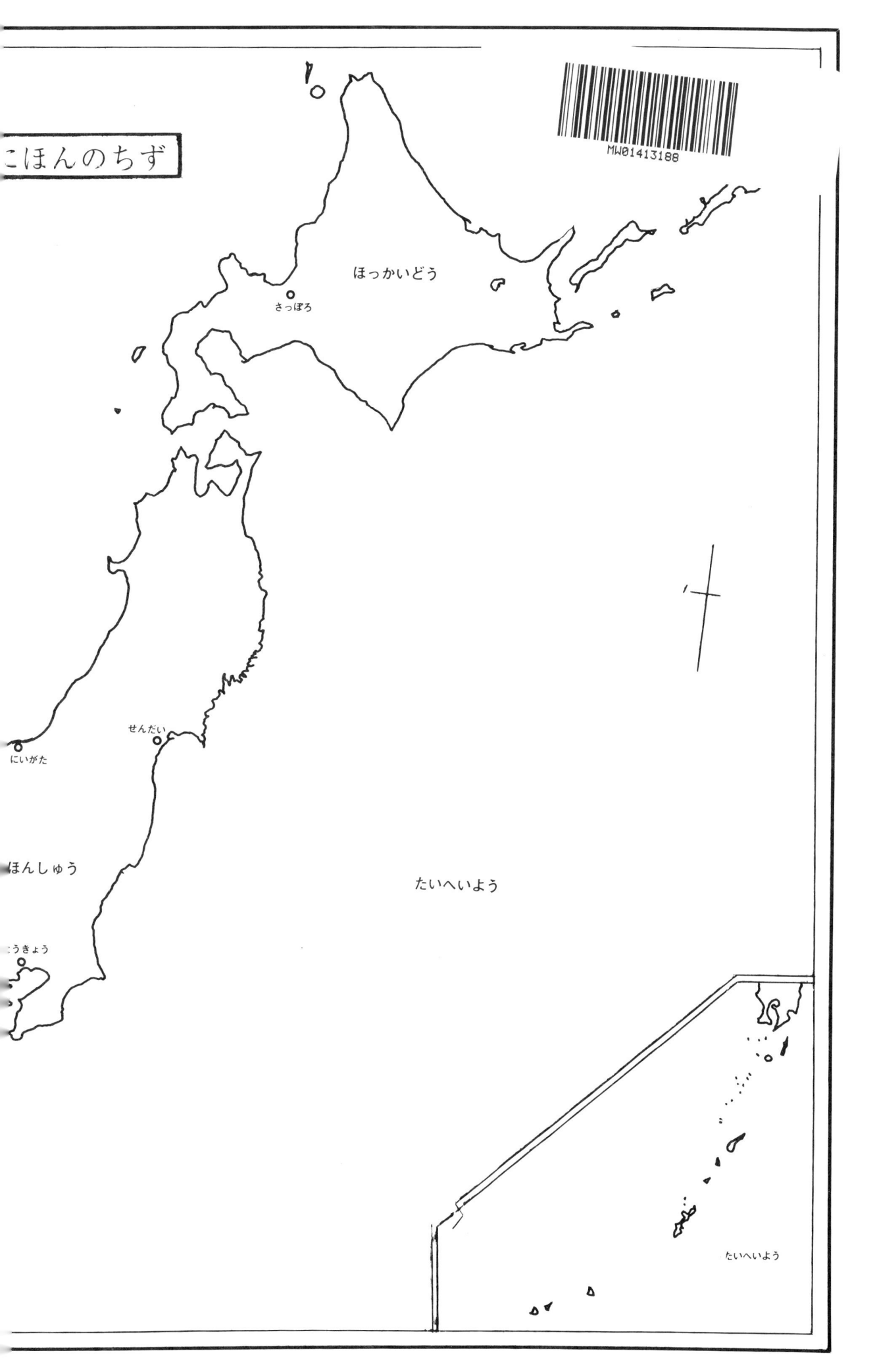

ほっかいどう
さっぽろ

にいがた
せんだい
ほんしゅう
とうきょう
たいへいよう

たいへいよう

こんにちは 日本語

Hello in Japanese
Vol. II

こんにちは 日本語

Hello in Japanese Vol. II

Keiko Inoue

Copyright © 1991 Keiko Inoue and The Japan Forum

First Printing 1991

1991. 1992. 1993. 1994. 1995. 1996. 10. 9. 8. 7. 6. 5. 4. 3. 2. 1

HEIAN INTERNATIONAL, INC.

P.O. Box 1013

Union City, CA 94587

All rights reserved. This book may not be duplicated in any way without the expressed written consent of the publisher, except in the form of brief excerpts or quotations for the purpose of review. Making copies of this book, or any portion for any purpose other than your own, is a violation of United States copyright laws.

Printed in the United States of America

ISBN: 0-89346-347-7

FOREWORD

This textbook is the second volume of *Hello in Japanese* which was published in 1990. It begins where Volume I ends, and includes a workbook with many pictures and exercises.

In this volume, 58 kanji are introduced, and the guidelines for learning kanji are demonstrated in the introduction. However, it should be remembered that learning kanji should not interfere with the student's efforts to increase speaking ability which is still the focus of this volume. Thus, kanji should not be overemphasized at this stage, although kanji are a key to advanced Japanese.

Since foreign languages are part of social science education in many high schools, other aspects of Japanese culture are introduced throughout the textbook as well.

There are brief grammar notes in the Grammar Points for new sentence patterns. These are intended to help the student communicate in Japanese, not become a grammarian of Japanese language.

Familiarity with the sentence patterns demonstrated in this textbook is increased by the exercises in the workbook. The dialogues in each lesson are fun and useful.

All exercises in the workbook are based on the idea of communicating, and not on translation. Learning Japanese should be meaningful and interesting for all students!

Chapel Hill, North Carolina   Keiko Inoue
January, 1991

ACKNOWLEDGMENTS

I would like to express my sincere thanks and appreciation to the friends and teachers whose encouragement was invaluable in the preparation of *Hello in Japanese*, Volume II: Rakuko Rubin, Hitomi Jitodai, Mark Schultz, Loren Smith and Miyo Kaneda.

I am especially indebted to Yasuko and Hiroshi Watanabe who carefully read and reviewed the manuscript, adding helpful comments. A special thanks is extended to Yasushi Yoshimoto, Ph. D. student at the University of North Carolina for his illustrations, meticulous work and unending patience throughout the project.

I am also grateful to Mr. Tomonari Hoshino, a Japan Forum executive, for understanding the urgent necessity for Japanese textbooks in American high schools and for his support and encouragement.

To all of these individuals, I extend my appreciation and thanks.

Chapel Hill, North Carolina   Keiko Inoue
January, 1991

CONTENTS

Foreword v

Acknowledgments vi

Introduction 1

Lesson 16　どこにありますか 5

Lesson 17　どこでしょうか 9

Lesson 18　レストランで (1) 13

Lesson 19　レストランで (2) 19

Lesson 20　でんわ (1) 23

Lesson 21　でんわ (2) 27

Lesson 22　でんわ (3) 31

Lesson 23　にほんのゲーム 35

Lesson 24　りょこう (1) 39

Lesson 25　りょこう (2) 43

Lesson 26　りょこう (3) 47

Lesson 27　パーティーで 51

Lesson 28　すきやき (1) 57

Lesson 29　すきやき (2) 61

Lesson 30　すきやき (3) 67

APPENDIX 71

VOCABULARY 85

INTRODUCTION

I. Learning Kanji

This textbook introduces 58 kanji characters. The easiest way to introduce kanji may be simply to assign one or two (in context) each day after Lesson 22. Although kanji are a key to advanced level Japanese, students may be discouraged if they find that learning kanji is not fun but only a burden. Therefore, the questions of when, how, and how many to introduce must be considered carefully.

I introduce kanji when most students have become fluent in reading and writing hiragana and katakana. This usually happens after they have finished first year level Japanese.

Learning the concepts of kanji before memorizing them is also important.

II. Research Projects: What are Kanji?

1. What are the differences between kanji and kana?

2. The history of kanji in Japan

3. How did the Chinese create kanji?

   ······Pictographs（しょうけい）

   ······Ideographs（しじ）

   ······Complex（かいい）

4. What are Jyooyoo Kanji and kyooiku kanji?

5. How do you read kanji?　······おんよみ and くんよみ

6. How do you write kanji?　······かくすう（Number of strokes）

7. What are the radicals of kanji?

8. Why are kanji important to learning Japanese?

9. Is there a kanji program for computers?

一、かんじの ことば (Kanji Words)

* kanji # represents the kanji number in the workbook.

		kanji #			kanji #
車	くるま	(22)	持っていく	もっていく	(33)
中	なか	(23)	話す	はなす	(35)
大きい	おおきい	(1)	言う	いう	(34)
小さい	ちいさい	(2)	目	め	(8)
右	みぎ	(4)	口	くち	(7)
左	ひだり	(5)	耳	みみ	(10)
好き	すき	(25)	朝	あさ	(16)
早い	はやい	(28)	出る	でる	(21)
道	みち	(44)	今週	こんしゅう	(29/45)
私	わたし	(49)	先週	せんしゅう	(30/45)
本	ほん	(14)	帰る	かえる	(52)
聞く	きく	(42)	作る	つくる	(17)
新しい	あたらしい	(51)	食べ物	たべもの	(38/50)
少し	すこし	(3)	飲み物	のみもの	(39/50)
見る	みる	(9)	大学	だいがく	(1/48)
食べる	たべる	(38)	高校	こうこう	(37/13)
日本	にほん	(26/14)	英語	えいご	(47/36)
高い	たかい	(37)	飲む	のむ	(39)
待っている	まっている	(32)	先生	せんせい	(30/11)
行く	いく	(31)	日本語	にほんご	(26/14/36)

女の人	おんなのひと (24/18)		土よう日	どようび (20/26)
男の人	おとこのひと (41/18)		金よう日	きんようび (19/26)
時間	じかん (27/43)		木よう日	もくようび (12/26)
三時	さんじ (27)		水よう日	すいようび (53/26)
来年	らいねん (40/46)		火よう日	かようび (6/26)
来週	らいしゅう (40/45)		月よう日	げつようび (15/26)
安い	やすい (54)		日よう日	にちようび (26/26)
休む	やすむ (57)		水	みず (53)
前	まえ (58)		来る	くる (40)
買う	かう (55)		今	いま (29)
夜	よる (56)			

二、Some kanji represent more than one reading.

本： 日本　（に<u>ほん</u>）　　　来： 来る　（<u>く</u>る）
　　 一本　（いっ<u>ぽん</u>）　　　　 来ます（<u>き</u>ます）
　　 三本　（さん<u>ぼん</u>）　　　　 来ない（<u>こ</u>ない）
　　 本　　（<u>ほん</u>）　　　　　　 来週　（<u>らいしゅう</u>）
大： 大きい（<u>おお</u>きい）　　　　 来年　（<u>らいねん</u>）
　　 大学　（<u>だい</u>がく）　　日： 日本　（<u>に</u>ほん）
今： 今　　（<u>いま</u>）　　　　　　 日よう日（<u>にち</u>よう<u>び</u>）
　　 今週　（<u>こん</u>しゅう）　水： 水　　（<u>みず</u>）
　　　　　　　　　　　　　　　　　 水よう日（<u>すい</u>ようび）

Lesson 16: どこに ありますか。

Situation: アンさんは いま くるまの なかに います。
そして、ちゅうしゃじょうを さがしています。

アン　　　　　： すみませんが、このへんに ちゅうしゃじょうは
ありませんか。

おとこのひと： パーキングですか……おおきい びょういんの まえに
ありますよ。 つぎの かどです。

アン　　　　　： そうですか。 どうも ありがとうございました。

おとこのひと： あ、どういたしまして。

A   Vocabulary

1	どこに	Where?　(L. 15)
2	くるま	car
3	なか	inside; in
4	そして	and
5	ちゅうしゃじょう	parking lot
6	*さがしています	is looking for
7	このへんに	in this area　そのへん／あのへん
8	*すみませんが	Excuse me, but; Sorry to bother you, but
9	*ありませんか	Isn't (a place) here?
10	パーキング	parking lot
11	おおきい	big
12	びょういん	hospital
13	まえ	front
14	つぎ	next
15	かど	corner
16	そうですか	Is that right?; Really?　(L. 8)
17	*どうもありがとうございました	Thank you very much.
18	あ	Oh
19	どういたしまして	You're welcome.

Additional Vocabulary

20	びよういん	hair salon
21	ヘアーサロン	hair salon
22	みぎ	right (side)
23	ひだり	left (side)
24	きっさてん	coffee shop
25	コーヒーショップ	coffee shop
26	ゆうびんきょく	post office
27	だいがく	university
28	えき	station
29	こうこう	high school
30	はなや	flower shop
31	トイレ	toilet
32	よこ	side
33	うしろ	back; behind; rear

Notes

1 ありませんか　＊ある ＝ あります　＊See Grammar Points.

2 さがしています ＝ さがしている　＊さがす ＝ さがします

3 すみません doesn't indicate sympathy. It is not an equivalent to 'sorry (for sympathy)' in English.

4 ありがとうございました　＊ありがとうございます　(L. 6)
'Thank you for the trouble you took.'

B   Grammar Points

1   Vています／Vている

   a)   V-action ている   '(Someone) is doing'

      e.g. アンさんは　ちゅうしゃじょうを　さがしています。

         'Ann is looking for a parking lot.'

   b)   V-non-action ている   * See L. 21.

2   Vませんか

   a)   V-non-action ませんか   Question

      Xは　ありませんか   'Isn't there X (inanimate) ?'

      Xは　いませんか   'Isn't there X (animate) ?'

   b)   V-action ませんか： Invitation   (L. 20)

C   Sentence Pattern

1   Place は　Place の　Locative に　V: あります／います

2   Q: Xは　ありませんか   A: あります（よ）
                      A: ありません（よ）

3   Person は　Xを　Vています

4   Sentence 1　そして、Sentence 2

   * Locatives in this lesson: なか／まえ／うしろ／かど／

      みぎ／ひだり／よこ

8

Lesson 17: どこでしょうか。

Situation: じゅんくんは ぎんこうに いきたいんですが、みちが わかりません。 いま、おんなの ひとに きいています。

じゅん　　　　：すみません、とうきょうぎんこうは どこでしょうか。
おんなのひと：とうきょうぎんこうは もう すこし さきです。
　　　　　　　　あたらしい スーパーの となりですよ。
じゅん　　　　：ああ、そうですか。
　　　　　　　　どうも ありがとうございました。
おんなのひと：いいえ、どういたしまして。

A Vocabulary

1 どこ　　　　　　　　　　　　Where?

2 ＊でしょうか　　　　　　　　＊See Grammar Points.

3 ぎんこう　　　　　　　　　　bank

4 ＊いきたいんですが　　　　　want to go but　　＊See Grammar Points.

5 みち　　　　　　　　　　　　way, street, road

6 ＊わかりません　　　　　　　do not know

7 おんなのひと　　　　　　　　woman

8 ＊きいています　　　　　　　is asking　（L. 4）

9 とうきょうぎんこう　　　　　The Bank of Tokyo

10 あたらしい　　　　　　　　new

11 ＊もう　すこし　　　　　　a little more

12 さき　　　　　　　　　　　ahead

13 スーパー　　　　　　　　　supermarket

14 となり　　　　　　　　　　next door

15 ああ、そうですか　　　　　Oh, is that so?

16 ＊に（Particle）　　　　　　＊See Grammar Points.

17 ＊たい　　　　　　　　　　to want　　＊See Grammar Points.

Notes

1 でしょうか ＝ ですか　＊See Grammar Points.

2 もう　すこし ＝ もう　ちょっと

3 わかりません ＝ わからない   Cf. わかります (L. 4)

4 きいています ＝ きいている   Cf. ききます (L. 4)

B Grammar Points

1 V-stem たいんですが、Sentence '(I) want to do but,'

2 Particle: が   N-object が わかります／わかりません

            に   Person に   ききます／きいています

3 Copula: でしょう ＋ か   X でしょうか   'Is it X?'

   *でしょうか is the indirect equivalent of ですか, and it is slightly more polite than ですか.

   Cf. ぎんこうは どこですか   'Where is a bank?'

      ぎんこうは どこでしょうか   'I wonder where a bank is.'

C Sentence Pattern

1 V-stem たいんですが

   a. Place に いきたいんですが、みちが わかりません

   b. V たいんですが……

2 Place は ┌ どこでしょうか
            └ どこですか

3 Place は Place の Locative です

4 Person に V: ききます／きいています／きいてください

5 X が V: わかります／わかりません

11

Lesson 18:　レストランで　(1)

Situation:　マーサと　じゅんと　ジムと　アンが　レストランで
メニューを　みています。

じゅん：　ああ、おなかが　すいた！　マーサ、なんに　する？

マーサ：　そうねえ……　てんぷらが　たべたい。

じゅん：　てんぷらは　ちょっと　たかいね。　7ドルだよ。
ぼくは　とんかつに　する。

ジム　：　ちゅうかは　やすいけど、にほんしょくは　たかいね。

アン　：　そうね。　わたしは　くしかつと　サラダに　する（わ）。
ジムは　なんに　する？

ジム　：　ううん……　ぼくは　やきそばに　する（よ）。
それから、のどが　かわいたから、ジュースが　のみたい。

Tempura	7.00	Kushikatsu	6.95
Fresh shrimp and vegetables fried in a special batter		Deep fried skewers of pork and onions, served with a special sauce	
Yaki Soba	5.50	Tonkatsu	5.95
Japanese noodles fried with fresh vegetables and pork		Breaded and deep fried pork cutlet served with a tangy sauce	
		Beverages	
		Soda	1.00
		Sake	3.50

A   Vocabulary

1	レストラン	restaurant
2	＊で (Particle)	at (a place) ＊See Grammar Points.
3	メニュー	menu
4	＊みています	is looking (at)
5	＊おなかが すいた	I'm hungry.
6	＊なんに する	What will you order?
7	＊そうねえ……	Let me see.
8	てんぷら	tempura
9	＊たべたい	I want to eat.
10	ドル	dollar
11	＊だ（よ）	＊See Notes.
12	とんかつ	pork cutlet
13	ちゅうか	Chinese cuisine
14	けど	although; but
15	にほんしょく	Japanese food
16	そうね	That's right.; I think so too.
17	くしかつ	skewered cutlet
18	サラダ	salad
19	ううん……	Hmmm. . .; Let me see. Cf. そうねえ……
20	たかい	expensive

14

21	やきそば	fried noodles
22	それから	and then; after that
23	*のどが かわいた	I'm thirsty.
24	*から (Particle)	because
25	ジュース	juice
26	*のみたい	I want to drink.
27	*が (Particle)	*See Grammar Points.
28	*に (Particle)	*See Grammar Points.
29	*と (Particle)	and (L. 10)
30	*たい	*See Grammar Points.

Notes

1 みています ＝ みている   *みる ＝ みます

2 なんに する？ ＝ なんに しますか   *する ＝ します

3 そうねえ…… ＝ そうですねえ……

4 そうね ＝ そうですね

5 たべたい ＝ たべたいです   *たべる ＝ たべます

6 のみたい ＝ のみたいです   *のむ ＝ のみます

7 いきたい ＝ いきたいです   *いく ＝ いきます

8 おなかが すいた ＝ おなかが すきました

   *おなか 'stomach; belly'   すく 'is empty'

9 のどが かわいた ＝ のどが かわきました

   * のど 'throat' かわく 'is dry'

10 けど ＝ けれど

11 だよ ＝ ですよ

   * Japanese women tend to drop だ but to keep よ in their informal conversation. ですよ is neutral.

    7ドルだよ (man)   7ドルよ (woman)

    7ドルですよ (man and woman)

B Grammar Points

 1 Particle: に   Xに する

       が   N-object が ＋ Vたい

         * Particle を can be used with Vたい.

       で   Place で ＋ V-action 'in; at'

         レストランで たべます

         レストランで みています

         Cf. レストランに います (L. 15)

         レストランに あります (L. 15, 16)

       から Vから 'because; since'

         e.g. のどが かわいたから、ジュースが のみたい。

        * Vから always precedes a main clause.

 2 V-stem たい: Expression only of speaker's desire to do something, and for the second person in interrogative sentences.

e.g. ジュースが のみたい　　'I want to drink juice.'

ジュースが のみたいですか　　'Do you want to drink juice?'

C　Sentence Pattern

1　Q: なんに する？／しますか

　　A: Xに する／します

2　Sentence 1　それから、Sentence 2

3　Xが V-stem たい

4　$\left.\begin{array}{l}\text{V}\\ \text{Adj.}\\ \text{N だ}\end{array}\right\}$ けど、Sentence 2

5　$\left.\begin{array}{l}\text{V}\\ \text{Adj.}\\ \text{N だ}\end{array}\right\}$ から、Sentence 2

6　Place で　V-action: みている／する／たべる／のむ

Lesson 19:　レストランで　(2)

Situation:　レストランで　ちゅうもんしています。

ウェイトレス：　いらっしゃいませ。　ごちゅうもんは?
アン　　　　：　くしかつと　サラダを　おねがいします。
ジム　　　　：　ぼくは　やきそばと　ジュースを　おねがいします。
ウェイトレス：　どんな　ジュースが　いいですか。
ジム　　　　：　オレンジジュースを　ください。
じゅん　　　：　ぼくは　とんかつ。　それと、みずか　おちゃを

　　　　　　　　おねがいします。

マーサ　　　　：わたしは　てんぷらに　します。

　　　　　　　　おみそしると　ごはんも　ついていますか。

ウェイトレス：はい、ついています。

マーサ　　　　：じゃあ、それを　おねがいします。

ウェイトレス：どうも　ありがとうございました。

　　　　　　　　しょうしょう　おまちください。

A　Vocabulary

1	*ちゅうもんしています	is ordering
2	いらっしゃいませ	Welcome!
3	*ごちゅうもんは？	What is your order?
4	*どんな	What kind of X?
5	オレンジジュース	orange juice
6	*おねがいします	please
7	それと	in addition to (it); and also
8	いい	good
9	みず	water
10	おちゃ	Japanese tea; green tea
11	*か (Particle)	or
12	*おみそしる	miso-soup
13	ごはん	cooked rice
14	*ついています	added to; come with

15	それを	that one; those Cf. それは (L. 6)
16	*しょうしょう	a little
17	*おまちください	Please wait.
18	ウェイトレス	waitress
19	も (Particle)	also; too (L. 13)

Additional Vocabulary

20	コーヒー	coffee
21	スープ	soup
22	ハンバーガー	hamburger
23	サンドイッチ	sandwich
24	こうちゃ	English tea; black tea
25	アイスクリーム	ice cream
26	ケーキ	cake
27	コーラ	cola

Notes

1　ちゅうもんしています　　*ちゅうもんします

2　ごちゅうもんは？ ＝ ごちゅうもんは　なんですか。

　　ごちゅうもん ＝ ちゅうもん (Noun)

3　おみそしる ＝ みそしる

4　ついています ＝ ついている　　*つく ＝ つきます

5　しょうしょう ＝ ちょっと

6　おまちください　＝　まってください

7　どんな／こんな／そんな／あんな

B　Grammar Points

1　Particle:　か　　　X か　Y　　'X or Y'　　Cf. V か　＝　V?

　　　　　　と　　　X と　Y　　'X and Y'

　　　　　　も　　　X と　Y も　'also X and Y'

2　どんな　＋　Noun　　e.g. どんな　くるまですか。

C　Sentence Pattern

1　X と　Y を
　　X か　Y を　　V: おねがいします／ください
　　X と　Y も

2　どんな　X が　Adjective ですか

3　Sentence 1　それと、Sentence 2

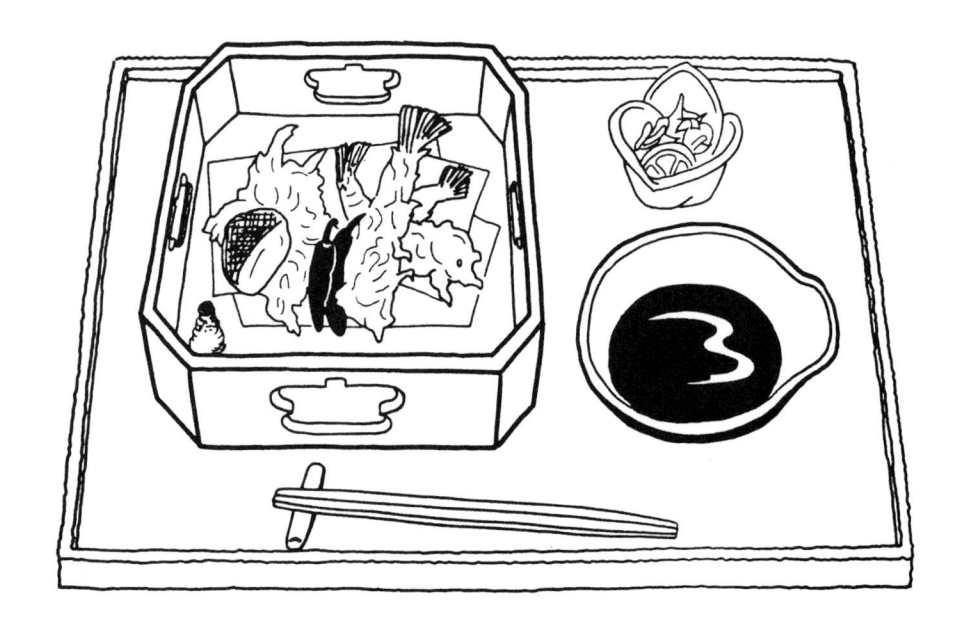

Lesson 20:　でんわ　(1)

Situation:　リサさんは　みきさんの　うちに　でんわを　かけています。

でんわ　　　：　ルルル……、ルルル……
みきさんの
おかあさん　：　もしもし、たなかですが……
リサ　　　　：　あっ、みきさんの　おかあさんですか。　こんばんは。

　　　　　　　　リサですが、みきさんは　いますか。

おかあさん：　こんばんは。　ええ、いますよ。　ちょっと、まってね。

みき　　　　：　もしもし、みきです。　こんばんは。

リサ　　　　：　こんばんは。　あした　うちで　パーティーを

　　　　　　　　するから　こない？

みき　　　　：　いきたい（わ）。

　　　　　　　　なんじごろ？

リサ　　　　：　2じごろ（は）　どう？

　　　　　　　　ジムや　リンダも　くる（わ）。

みき　　　　：　ほんとう？

　　　　　　　　じゃ、ポテトチップと

　　　　　　　　ジュースを　もっていく（わ）。

リサ　　　　：　わあ！　ありがとう。　じゃ、あしたね。

みき　　　　：　どうも　ありがとう！　おやすみ。

A   Vocabulary

1   でんわ — telephone
2   *でんわを　かけています — to make a telephone call
3   もしもし — Hello (on the telephone)
4   こんばんは — Good evening.
5   *まって — Please wait.
6   *や (Particle) — and others
7   *こない？ — Won't you come?
8   ごろ — about; approximately
9   *どう？ — How about (it)?; How is it?
10 *くる — to come
11 *ほんとう？ — Really?
12 ポテトチップ — potato chips
13 *もっていく — to take (something to a place)
14 わあ — Exclamation: Wow! (L. 12)
15 *ありがとう — Thank you.
16 *おやすみ — Good night.
17 *に (Particle) — to   * See Grammar Points.

Additional Vocabulary

18 *にん／り — Counter for people
19 *でんわします — to make a telephone call

Notes

1　でんわを　かける　＝　でんわする　＊でんわします

2　まってね（Informal　requests）

　　まって　ください（Formal　requests）

　　＊おまちください　(L. 19)

3　する　＝　します　　＊ See VERB in the appendix.

4　こない？　＝　きませんか　　＊ See Grammar Points.

5　くる　＝　きます　　＊ See VERB in the appendix.

6　ほんとう？　＝　ほんとう　ですか

7　もっていく　＝　もっていきます

8　ありがとう　＝　ありがとうございます　(L. 3; 16)

9　おやすみ　＝　おやすみなさい

10　にん／り：　ひとり　ふたり　さんにん　＊よにん　ごにん

　　　　　ろくにん　しちにん　はちにん　きゅうにん

　　　　　じゅうにん　＊ Do not say しにん or よんにん.

B　Grammar Points

1　Particle：　や　　　X や　Y　　'X,Y and others'

　　　　　　　　　　X や　Y も　'besides others, also X and Y'

　　　　　に　　Person／Place に　でんわを　かける

2　ごろ：　Time-specific ごろ

3 V-informal-negative: V ない

   * [ru]-V, [u]-V and Irregular   * See VERB in the appendix.

   a) [ru]-Verb: V-stem + ない

      e.g. たべ ます — たべ ない

   b) [u]-Verb: V [a] + ない

      e.g. いきます — いか ない
                    [a]
           のみます — のま ない
                    [a]

   c) Irregular: こない = きません

                  しない = しません

                  ない = ありません

   V-action ない? = V-action ませんか …… Invitation

      e.g. こない? = きませんか   'Won't you come?'

           たべない? = たべませんか   'Won't you eat?'

      Cf. V-non-action ませんか (L. 16)

C Sentence Pattern

   1 V が……／です が……

   2 X や Y も V

   3 X は どう？／どうですか

   4 Time ごろ V

   5 V ない？／V ませんか

   6 Person／Place に V: でんわを かける／でんわする

Lesson 21: でんわ (2)

Situation: アンさんは マーサさんに じゅんくんの
でんわばんごうを きいています。

アン ： じゅんの でんわばんごうを しっている？
トムくんに きいたけど、しらなかった（わ）。

マーサ： そう？ ちょっと まって……３４５の １５３７（よ）。

アン ： ありがとう。 マーサ、こんばん うちに いる？

マーサ： うん。 どうして？

アン ： ちょっと、はなしたいから、でんわしても いい？

マーサ： いいわよ。 じゃあ、クラスが はじまるから、あとでね。

アン ： じゃあね。 バイバイ。

A   Vocabulary

1   でんわばんごう   telephone number

2   *しっている?   Do you know?

3   *しらなかった   didn't know

4   *そう?   Really?; Is that right?

5   こんばん   tonight

6   *どうして?   Why?   *なぜ 'why?'

7   はなしたい   to want to talk

8   *でんわしても いい?   May I call you?

9   いいわよ   O. K.; (It's) all right.

10 はじまる   to begin; to start

11 あとでね   later   (L. 2)

12 *の (Particle)   * See Grammar Points.

Additional Vocabulary

13 べんきょうします   to study

14 パソコン   personal computer

15 *なんばん ですか   What is the number?

Notes

1   しっている = しっています   *しる = しります

2   しらなかった = しりませんでした

3   どうして? = どうしてですか = なぜですか

4   そう? = そうですか

5 でんわしても　いい？ ＝ でんわしても　いいですか

B Grammar Points

1 Particle:　の　　＃の＃……Phone Number

2 Verb て：

  a) V て も　いいですか……Asking for permission

  b) V て も　いいです　……Giving permission

  c) V-non-action ている／います

    ……The state resulting from an action

  e.g. マーサさんを　しっています。　'(I) know Martha.'

  Cf. V-action ている　(L. 16)

  e.g. テレビを　みています。　'(I) am watching TV.'

3 Counter:　ばん　　＃ばん

  e.g. でんわばんごうは　９４２の　９７１０ばんです。

C Sentence Pattern

1 X を　V:　しっている／しっています／しらない

2 でんわばんごうは　＃の＃（ばん）です

3 Q:　どうして？／どうしてですか

 A:　V-inf.　⎤
   Adj.　　⎬ から（です）
   N だ　⎦

4 Q:　V ても　いい？／いいですか　A:　いいです（よ）

Lesson 22:　でんわ　(3)

ケンくんの
おかあさん　：　もしもし、マクドナルドですが……

ジム　　　　：　こんばんは。　ジムですが、ケンくんは　いますか。

おかあさん　：　ええ、ちょっと　まってね。

　　　　　　　　ケン、ジムくんから　おでんわよ。

ケン　　　　：　ジムから？　もしもし、ケンです。　こんばんは。

ジム　　　　：　こんばんは。　にほんごの　しゅくだいを　もう、した？

ケン　　　　：　まだ。　きみは？

ジム　　　：いま　しているけど、にほんごで　テレフォン・ナンバーは
　　　　　　なんて　いうの？

ケン　　　：でんわばんごうじゃない？

ジム　　　：えっ？　もういちど　いって。

ケン　　　：で、ん、わ、ば、ん、ご、う。　わかった？

ジム　　　：うん、わかった。　どうも　ありがとう。
　　　　　　じゃ、また　あした。

ケン　　　：うん、おやすみ。

A　Vocabulary

1	＊おでんわ	telephone	
2	＊から (Particle)	from	Cf. から (L. 13)
3	もう	already	Cf. もう (L. 4)
4	まだ	(not) yet	
5	＊きみは？	You?	
6	＊した？	Did you do?	
7	＊している	is doing	
8	＊で (Particle)	in (language)	
9	テレフォン・ナンバー	telephone number	
10	＊なんて　いうの？	What do you call (it)?	
11	＊じゃない？	isn't it?	
12	えっ	What?	

13 *いって   Please say.; Please tell.

14 *わかった？   Did/Do (you) understand?

15 *わかった   (I) understood. /understand.

16 じゃ、また   Well; Then   (L. 2)

Notes

1 おでんわ ＝ でんわ

2 した？ ＝ しましたか

3 している ＝ しています   *する ＝ します

4 きみは ＝ あなたは

5 じゃない？ ＝ じゃありませんか

6 いって ＝ いってください   *いう ＝ いいます

7 わかった？ ＝ わかりましたか

8 わかった ＝ わかりました   *わかる ＝ わかります

9 なんて いうの？ ＝ なんて いいますか

B Grammar Points

1 Particle: から   Person から

             で   Language で

             て ＝ と   なんて ＝ なんと

2 Copula-negative-informal ＋ ?   'isn't it?'

   X じゃない？ ＝ X じゃありませんか (Formal)

   Cf. V ませんか (L. 16); V ない？ (L. 20)

e.g. ケンくんじゃない？

ケンくんじゃありませんか　　　　　'You are Ken, aren't you?'

C　Sentence Pattern

1　Person／Place から　でんわです

2　Q:　X は　Language で ┌ なんて　いう？
　　　　　　　　　　　　　└ なんと　いいますか

　　A:　X は　Language で　Y って　いいます／いう

3　X は ┌ Y じゃない？
　　　　└ Y じゃありませんか

4　Q:　X は　もう、V?　　A:　まだ／まだです

　　　　　　　　　　　　　A:　もう、した／しました

Lesson 23:　にほんのゲーム

Situation:　パーティーで　ゲームを　しましょう。

ケン　　：　みきさん、にほんの　ゲームを　しっている？
みき　　：　そうねえ……　かるたや　ふくわらいは　しっている（わ）。
アン　　：　おしえて！　みんなで　しましょう。
じゅん：　それは　いい！　しよう、しよう。

A Vocabulary

1	ゲーム	game
2	ふくわらい	Fukuwarai (a Japanese game)
3	かるた	Japanese playing cards
4	＊おしえて	Please teach me.
5	＊しましょう	Let's do.; Let's play.
6	みんなで	all together (L. 4)
7	それは いい	That would be good.
8	＊しよう	Let's do.; Let's play.

Additional Vocabulary

9	かお	face
10	め	eye
11	はな	nose
12	くち	mouth
13	みみ	ear
14	まゆ	eyebrow
15	おたふく	round-cheeked woman
16	え	picture
17	＊つくりましょう	Let's make.
18	＊きりましょう	Let's cut.; Let's clip out.
19	＊まい	Counter for flat things

Notes

1　おしえて ＝ おしえてください　　　＊おしえる ＝ おしえます

2　しましょう ＝ しよう　　　　　　　＊する ＝ します

3　きりましょう ＝ きろう　　　　　　＊きる ＝ きります

4　つくりましょう ＝ つくろう　　　　＊つくる ＝ つくります

5　まい：　1まい　　2まい　　3まい　　4まい　　5まい
　　　　　　6まい　　7まい　　8まい　　9まい　　10まい

B　Grammar Points

　　V-volitional:　a) V-stem ＋ ましょう　(Formal)　　　　'Let's do.'

　　　　　　　　　e.g. つくりましょう　　　　　　　　　'Let's make.'

　　　　　　　　b) V-stem ＋ よう　(Informal-1だん)

　　　　　　　　　e.g. たべよう　　　　　　　　　　　　'Let's eat.'

　　　　　　　　c) V[O]う　(Informal-5だん)

　　　　　　　　　e.g. いこう　　のもう
　　　　　　　　　　　　[o]　　　　[o]

　　　　　　　　d) しよう／こよう　(Informal-Irregular)

C　Sentence Pattern

1　Vましょう
　　Vよう／V[O]う
　　こよう／しよう

2　Vて
　　Vてください

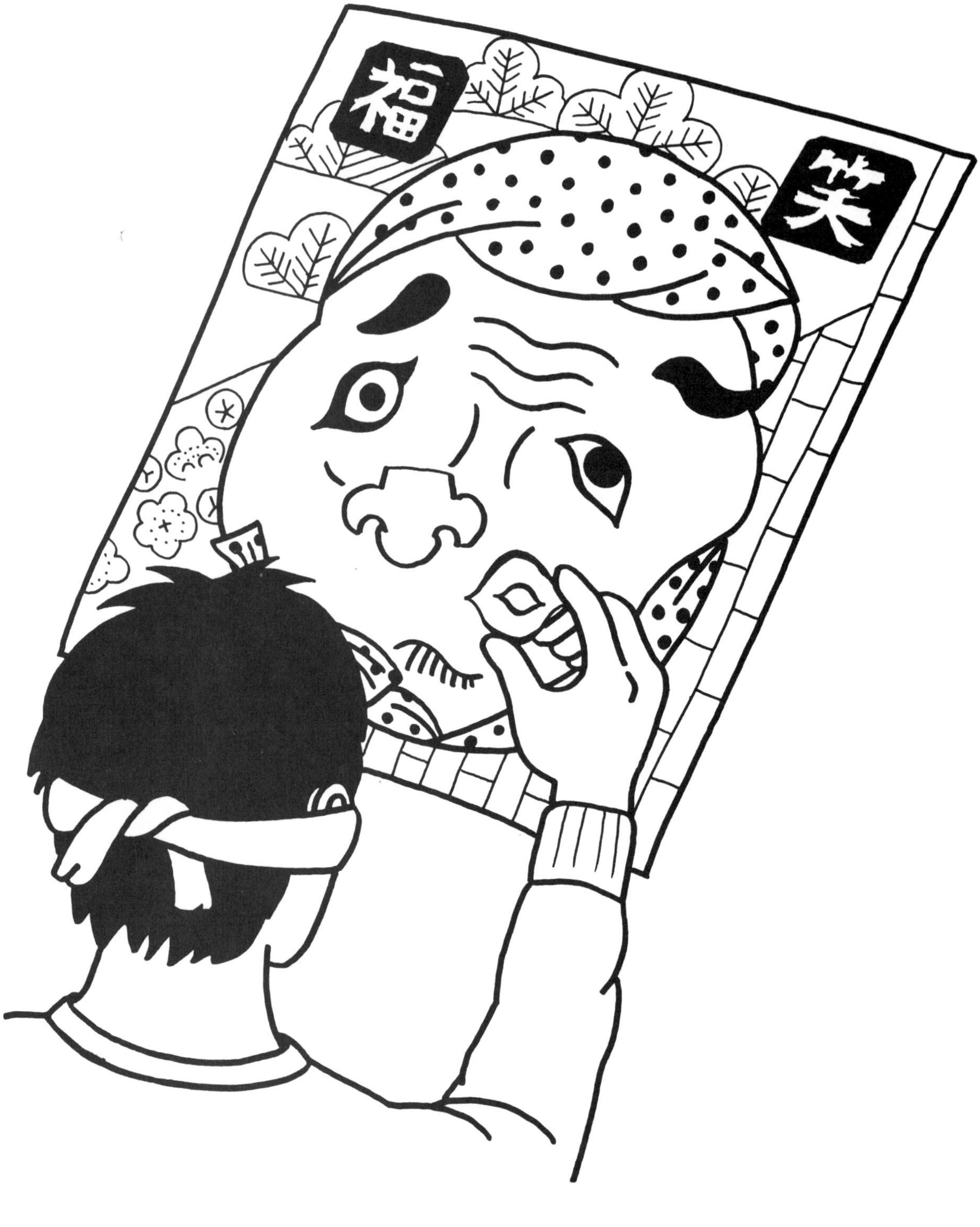
福
笑

Lesson 24: りょこう (1)

Situation: マークくんと みきさんは バンクーバーへ いきます。

マーク： こんしゅうの どようび (に) バンクーバーに いかない？

みき ： うん、いきたい (わ)。 なんで いく？

マーク： くるまか バスで いこうか。

みき ： マークは うんてんが うまくないから、バスで いかない？

マーク： じょうだんじゃない (よ)。 でも、そうだなあ……

　　　　バスで いこうか。

みき ： うん。 じゃあ、わたしも いく (わ) ！

A   Vocabulary

1   りょこう   travel
2   バンクーバー   Vancouver
3   こんしゅう   this week
4   どようび   Saturday
5   *いかない？   Won't you go?
6   なんで   By means of what?; How?
7   いく？   Will you go?
8   バス   bus
9   *いこうか   Shall we go?
10 うんてん   driving
11 *うまくない   is not good at; is unskillful
12 じょうだんじゃない   No kidding.
13 *でも   But
14 *そうだなあ……   Let me see.
15 *で (Particle)   by (transportation)

Additional Vocabulary

16 へた   not good at   Cf. うまくない
17 じょうず   good at   Cf. うまい
18 ひこうき   airplane
19 ふね   ship; boat

40

20	タクシー	taxi; cab
21	でんしゃ	train; street car
22	サンフランシスコ	San Francisco
23	ハワイ	Hawaii

Notes

1 いかない？ ＝ いきませんか

2 いく？ ＝ いきますか

3 いこうか ＝ いきましょうか   *See VERB in the appendix.

4 うまくない ＝ うまくありません   *うまい

5 じょうだんじゃない ＝ じょうだんじゃありません

   *じょうだん 'joke'

6 そうだなあ…… ＝ そうねえ…… (L. 22)

   *Women are most likely to use そうねえ rather than そうだなあ.

B Grammar Points

1 Particle: で Transportation で   'by'

2 Adjective-informal-neg.: ー くない

       e.g. うまい ー うまくない

3 V-volitional ＋ か: 'Shall I/we do?'

       Informal: いこうか   'Shall I/we go?'

       Formal: いきましょうか 'Shall I/we go?'

4 Copula-neg.: X じゃない (Informal)

   X じゃありません (Formal) (L. 22)

C Sentence Pattern

1 Q: なんで V?: いく？／くる？／かえる？

   A: Transportation で V: いく／いかない?

2 Person は X が ┌ な N
              └ Adj.

3 V ようか／V[O]か

   V ましょうか

4 Sentence 1 でも、Sentence 2

Lesson 25:　りょこう　(2)

Situation:　みきさんと　マークくんが　りょこうの
　　　　　　スケジュールを　そうだんしています。

みき　　：　マーク、あしたの　あさ　なんじごろ　シアトルを　でる？

マーク：　8じ　24ぷんの　バスは　どう？

みき　　：　ええ、いいわ。　シアトルから　バンクーバーまで
　　　　　　どのぐらい　かかる？

マーク：　ええとね、3じかんはん　ぐらいだよ。

みき　　：　じゃあ、11じはんごろ　バンクーバーに　つく？

マーク：　そう。　その　バスは　のりかえが　ないから、いい（よ）。

みき　　：　じゃ、ダウンタウンの　グレイハウンドで　まっている（わ）。

マーク：　うん。　じゃあ、あした。　バイバイ。

みき　　：　じゃあね、さようなら。

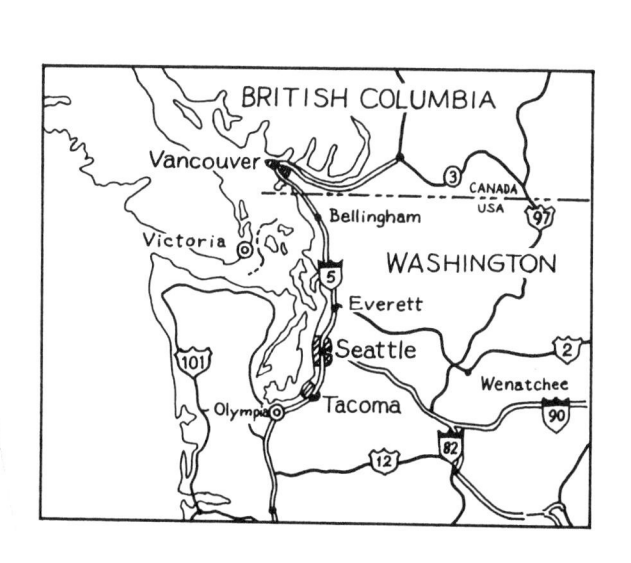

A   Vocabulary

1	スケジュール	schedule
2	*そうだんしています	is discussing with
3	あさ	morning
4	*でる？	leave?
5	シアトル	Seattle
6	どのぐらい	How long?; How much?
7	*かかる	to take; to spend
8	ええとね	Let me see.
9	3じかん	3 hours
10	はん	half
11	*つく	to arrive
12	のりかえ	transfer
13	*ない	doesn't exist; doesn't have
14	ダウンタウン	downtown
15	グレイハウンド	Greyhound Bus
16	*まっている	is waiting; will wait
17	*を （Particle）	* See Grammar Points.
18	*ぐらい	about Cf. ごろ （L. 20）
19	*そう	That's right. Cf. そう？ （L. 21）

Additional Vocabulary

20	じこくひょう	time table
21	ごご	afternoon
22	ゆうがた	evening
23	（お）ひる	noon

Notes

1　でる？ ＝ でますか　　　　　＊でる ＝ でます

2　かかる？ ＝ かかりますか　　＊かかる ＝ かかります

3　つく？ ＝ つきますか　　　　＊つく ＝ つきます

4　そう ＝ そうです

5　ない ＝ ありません　　　　　＊ある ＝ あります

6　まっている ＝ まっています　＊まつ ＝ まちます

7　そうだんしています　　　　　＊そうだんします

B　Grammar Points

1　Particle:　を　　　Place を　でる

　　　　　　　で　　　Place で　V: まっている

　　　　　　　に　　　Place に　つく

　　　　　　　から　　Place から

　　　　　　　まで　　Place まで

2　Time-amount ぐらい：　#じかん　ぐらい

　　Cf. Time ごろ　（L. 20）

C　Sentence Pattern

1　Ｘは　Placeに　つく／つきます

2　Q:　どのくらい　V:　かかる？／かかりますか／いますか

　　A:　Timeぐらい　V:　かかる／かかります／います

3　Placeから　Placeまで

4　Placeを　でる／でます

5　Personを　Placeで　まっている／まっています

Lesson 26: りょこう (3)

Situation: みきさんと みきさんの おかあさんが はなしています。

みき　　　　：おかあさん、こんしゅうの どようび（に）バンクーバーに いっても いい？

おかあさん：だれと いくの？

みき　　　　：マークと。

おかあさん：そう。 でも、なんで いくの？

みき　　　　：バスで いくわ。

おかあさん：おそく かえっては いけませんよ。

みき　　　　：あさ 8じ 24ぷんの バスで いって、よる 9じごろ かえるわ。

おかあさん：そう。 いっても いいけど、きをつけてね。

みき　　　　：はい。 だいじょうぶよ、おかあさん。

A   Vocabulary

1 ＊はなしています   is talking

2 ＊いっても いい？   May I go?

3 おそく   late

4 ＊かえっては いけません   (You) shouldn't return
                                   ＊See Grammar Points.

5 ＊いって、   go/went and ＊See Grammar Points.

6 よる   night

7 ＊かえる   to return; to go/come home

8 ＊きをつけて   Be careful.

9 だいじょうぶ   all right; no problem

Additional Vocabulary

10 ＊ちゃ   ＊See Notes.

11 ＊だめ   No, you shouldn't.; no good

Notes

1 はなしています ＝ はなしている   ＊はなす ＝ はなします

2 きをつけて ＝ きをつけてください   ＊きをつける

3 だいじょうぶよ ＝ だいじょうぶですよ

4 かえる ＝ かえります

5 いっても いい？ ＝ いっても いいですか

6 ちゃ ＝ ては   ＊ちゃ is used in informal speech.

7 だめ ＝ いけません

48

B   Grammar Points

   V て：　a)　　V て、Sentence 2　　'do and...'

   　　　　　　　　　e.g. バスで いって、9 じごろ かえります
   　　　　　　　　　　　'(I) will go by bus, and come back around 9.'

   　　　　b)　　V ては　いけません　（Formal Speech）⎤
   　　　　　　　V ちゃ　だめよ　（Informal Speech）　⎦ Prohibition

   　　　　　　　　　e.g. おそく かえっては いけません
   　　　　　　　　　　　'You shouldn't come home late.'

   　　　　c)　　V ても　いい／いい？　(L. 21)

   　　　　d)　　V て　ください／V て　(L. 4, 22)

   　　　　e)　　V て　います／いる　(L. 16, 21)

C   Sentence Pattern

   1   Q:　V ても　いいですか／いい？

   　　A:　V ては　いけません／V ちゃ　だめよ

   　　A:　ええ、いいですよ／ええ、どうぞ　(L. 3)

   2   V て、Sentence 2

Lesson 27: パーティーで

Situation: みきさんの　パーティーで　すしを　たべました。

　　　　　すしは　アメリカでも　にんきが　あります。

みきさんの
おかあさん　：　みなさん、いらっしゃい。　おすしと　おちゃを　どうぞ。

みんな　　　：　ありがとうございます。

マーク　　　：　これは　にほんの　おちゃですか。

おかあさん：　そうよ。　にほんちゃよ。

　　　　　　　すこし、にがいけど……

リサ　　　　：　わあ、ほんとう。　ちょっと　にがい。

　　　　　　　でも、おいしい（わ）。

ジム　　　：これは　すしですか？

おかあさん：そう。　これは　いなりずしで、それは　まきずしよ。

みき　　　：いなりずしは　そとがわが　あぶらあげで、なかが

　　　　　　おすの　ごはんよ。

おかあさん：まきずしの　そとがわは　のりで、なかは　たまごと

　　　　　　ほうれんそうと　かんぴょうと　しいたけよ。

みんな　　：わあ、おいしそう！　いただきます。

おかあさん：どうぞ、どうぞ。　たくさん　たべてね。

A　Vocabulary

1	いらっしゃい	Welcome!
2	*すし	sushi
3	どうぞ	please (L. 3)
4	*そうよ	That's right.
5	にほんちゃ	Japanese tea; green tea
6	*すこし	a little
7	にがい	bitter
8	ほんとう	really　Cf. ほんとう？ (L. 20)
9	おいしい	delicious
10	いなりずし	inarizushi; fried bean curd sushi
11	まきずし	makizushi; rolled sushi
12	そとがわ	outside

13	＊あぶらあげ	fried tofu; bean curd
14	＊おす	vinegar
15.	のり	dried seaweed
16	たまご	egg
17	ほうれんそう	spinach
18	かんぴょう	dried gourd strips
19	しいたけ	dried mushroom
20	＊おいしそう	looks delicious
21	＊いただきます	I'll take it.
22	たくさん	a lot
23	＊たべてね	Please eat.
24	＊そう	＊ See Grammar Points.
25	＊でも (Particle)	＊ See Grammar Points.
26	＊で (Copula)	and ＊ See Grammar Points.

Notes

1　おすし ＝ すし

2　おす ＝ す

3　おいしそう ＝ おいしい ＋ そう　　　＊ See Grammar Points.

4　たべてね ＝ たべてくださいね

5　いただきます…… Ritual expression before eating or drinking

6　そうよ ＝ そうですよ ＝ そう　(L. 25)

7 すこし ＝ ちょっと ↔ たくさん

8 あぶらあげ ＝ あぶらげ

B　Grammar Points

1　Continuative form of copula, です： で

   a)　これは　にほんちゃ<u>です</u>　　b)　それは　こうちゃです

   a) ＋ b) これは　にほんちゃ<u>で</u>、それは　こうちゃです

2　Adj-stem ＋ そう　'looks'

   おいしい―<u>おいし</u>そう　　　'It looks delicious'

   たかい　―<u>たか</u>そう　　　　'It looks expensive'

3　Particle：　で ＋ も　　　Place でも

   e.g. すしは　<u>アメリカでも</u>　にんきが　あります。

   'In America, too...; Also in America...'

4　Adverbs：　a) たくさん ＋ V

   e.g. たくさん　たべます。

   Wrong!：　たくさん　おいしい／あまい

   b) すこし／ちょっと ＋ Adj./V

   e.g. すこし　あまい。／にがい。／たかい。

   すこし　しっています。

   ＊ Not all adjectives can follow すこし.

   Wrong!：　すこし　おいしい

   　　　　　すこし　おもしろい

C   Sentence Pattern

1   X を　どうぞ

2   X は　Y で、Sentence 2

3   X は　Adj.そう（です）

4   Place でも　V/Adj.

5   すこし／ちょっと　＋　Adj./V

6   たくさん　V

Lesson 28:　すきやき　(1)

Situation:　らいしゅう　にほんごの　クラスで　すきやきを
　　　　　　つくります。

せんせい：　クラスで　すきやきを　つくりましょう。

リサ　　　：　わあ！　せんせい、いつですか。

せんせい：　らいしゅうです。

ジム　　　：　すきやきって　なんですか。

せんせい：　すきやきは　にほんの　たべものです。
　　　　　　ぎゅうにくや　やさいで　つくります。

アン　　：おいしそうですね。

せんせい：とっても　おいしいですよ。

マーク　：ぼくは　せんしゅう　すきやきを　たべた（よ）。

みき　　：えっ？　どこで　たべた（の）？

マーク　：ともだちの　うちで。

ジム　　：どうだった？

マーク　：ちょっと　あまかったけど、けっこう　おいしかった（よ）。

A　Vocabulary

1　らいしゅう　　　　　　　　　　　next week　(L. 12)

2　すきやき　　　　　　　　　　　　sukiyaki

3　つくりましょう　　　　　　　　　Let's make (something).　(L. 23)

4　＊すきやきって　　　　　　　　　The thing called sukiyaki
　　　　　　　　　　　　　　　　　　＊See Grammar Points

5　たべもの　　　　　　　　　　　　food

6　ぎゅうにく　　　　　　　　　　　beef

7　やさい　　　　　　　　　　　　　vegetable

8　＊で (Particle)　　　　　　　　 by means of (material)　Cf. で　(L. 22, 24)

9　＊とっても　　　　　　　　　　　very; very much; extremely

10　せんしゅう　　　　　　　　　　last week　(L. 12)

11　ともだち　　　　　　　　　　　friend　(L. 10)

12　＊たべた　　　　　　　　　　　ate

13	*どうだった	How was (it)?
14	*あまかった	was sweet
15	けっこう	quite; good enough
16	*おいしかった	was delicious

Additional Vocabulary

17	からい	hot; spicy; (salty)
18	しおからい	salty
19	すっぱい	sour (taste)
20	さかな	fish
21	*ぶたにく	pork
22	*とりにく	chicken
23	サラダオイル	salad oil
24	セロリ	celery
25	すき	to like

Notes

1　とっても ＝ とても　(L.7)

2　どうだった？ ＝ どうでしたか　＊どう？ ＝ どうですか　(L.20)

3　あまかった ＝ あまかったです　　　　＊あまい

4　おいしかった ＝ おいしかったです　　＊おいしい

5　たべた ＝ たべました　　　　　　　＊たべる ＝ たべます

B Grammar Points

1 Particle: Material で 'by means of'   Cf. で (L. 16; L. 21)

   e.g. やさい でつくります。

2 N-subject って = N と （いうのは） '(the one) called N'

   Xって なんですか ― Xは Yです

   e.g. すきやきって なんですか。 ― すきやきは たべものです。
   'What is the thing called sukiyaki?'

   Cf. すきやきは なんですか 'What is sukiyaki?'

   Cf. やさいは えいごで なんて いいますか (L. 22)

C Sentence Pattern

1 Material で V: つくる／つくります

2 Q: Xって なんですか

   A: Xは Yです

3 Xは どうだった？／どうでしたか

4 とっても ⎤
   けっこう ⎦ + Adjective

Lesson 29: すきやき (2)

Situation: すきやきの ざいりょうと つくりかたを
かきましょう。

せんせい： きょうは、すきやきの ざいりょうを かきましょう。
それから、すきやきの つくりかたも かいてください。

マーサ ： せんせい、なにが いりますか。

せんせい： この リストを みてください。

みき ： ぎゅうにくは どのぐらい いりますか。

せんせい： そうですねえ……ひとりまえ、4オンスぐらいです。

リサ ： しらたきって なんですか。

せんせい： しらたきは えいごで
ヤムヌードルって いいます。

アン ： みきさん、ねぎって なに？

みき ： ねぎは グリーンオニオンよ。

ケン ： せんせい、しょうゆは ソイソースでしょう？

せんせい： そうですよ。 それから、おこめも いりますよ。

ぎゅうにく

しらたき

ねぎ

しょうゆ

はくさい　　とうふ　　たけのこ　　しいたけ　　さとう

A   Vocabulary

1	ざいりょう	ingredients; material
2	*つくりかた	how to make; a way of making
3	なにが	What?
4	*いります	to need
5	リスト	list
6	*どのぐらい	How much? ; How long? (L. 25)
7	*ひとりまえ	for one serving
8	オンス	ounce
9	しらたき	yam noodles
10	えいご	English
11	*でしょう？	I guess it is X, isn't it?
12	ヤムヌードル	yam noodles
13	*って いいます	(It is) called X.
14	ねぎ	green onion
15	グリーンオニオン	green onion
16	しょうゆ	soy sauce
17	ソイソース	soy sauce
18	*おこめ	uncooked rice
19	*なに？	What is it?

Additional Vocabulary

20　のみもの　　　　　　　　　　　　drinks

21　つかいます　　　　　　　　　　　to use

Notes

1　おこめ ＝ こめ　　　　　　　　　Cf. ごはん （L. 19）

2　ひとりまえ ＝ いちにんまえ　　　＊ふたりまえ ＝ にんにんまえ

　　　　　　　　　　　　　　　　　＊ See Notes #10 in L. 20.

3　Xって いいます ＝ Xと いいます　　Cf. L. 21, L. 28

4　つくりかた……つくる ＋ かた　　　＊ See Grammar Points.

5　いります ＝ いる　　　　　　　　＊いりません ＝ いらない

6　なに？ ＝ なんですか

B　Grammar Points

1　V-stem かた　　　　よみます － よみかた

　　　　　　　　　e.g. ひらがなの かきかた

2　Particle: が　　　N-object が いります

　　　　　　　　　　N は いりません

3　Copula でしょう ＋ ？　　'isn't it?'

　　　（X は）Y でしょう？　'(X) is Y, isn't it?'

　　　e.g. ねぎは グリーンオニオンでしょう？
　　　　　'Negi is a green onion, isn't it?'

4　X は Yって いいます ＝ X は Yと いいます

C   Sentence Pattern

1　Xは　Yでしょう？

2　Xの　V-stem かたを　V:　しっています／Vましょう
　　　　　　　　　　　　　Vてください

3　Q:　なにが　いりますか　　A:　Xが　いります
　　　　　　　　　　　　　　A:　Yも　いります
　　　　　　　　　　　　　　A:　Zは　いりません

4　どのぐらい　Vか:　いりますか／つくりますか／
　　　　　　　　　　かかりますか／していますか

すきやきのつくりかた

＊えを　みて、つくりましょう。

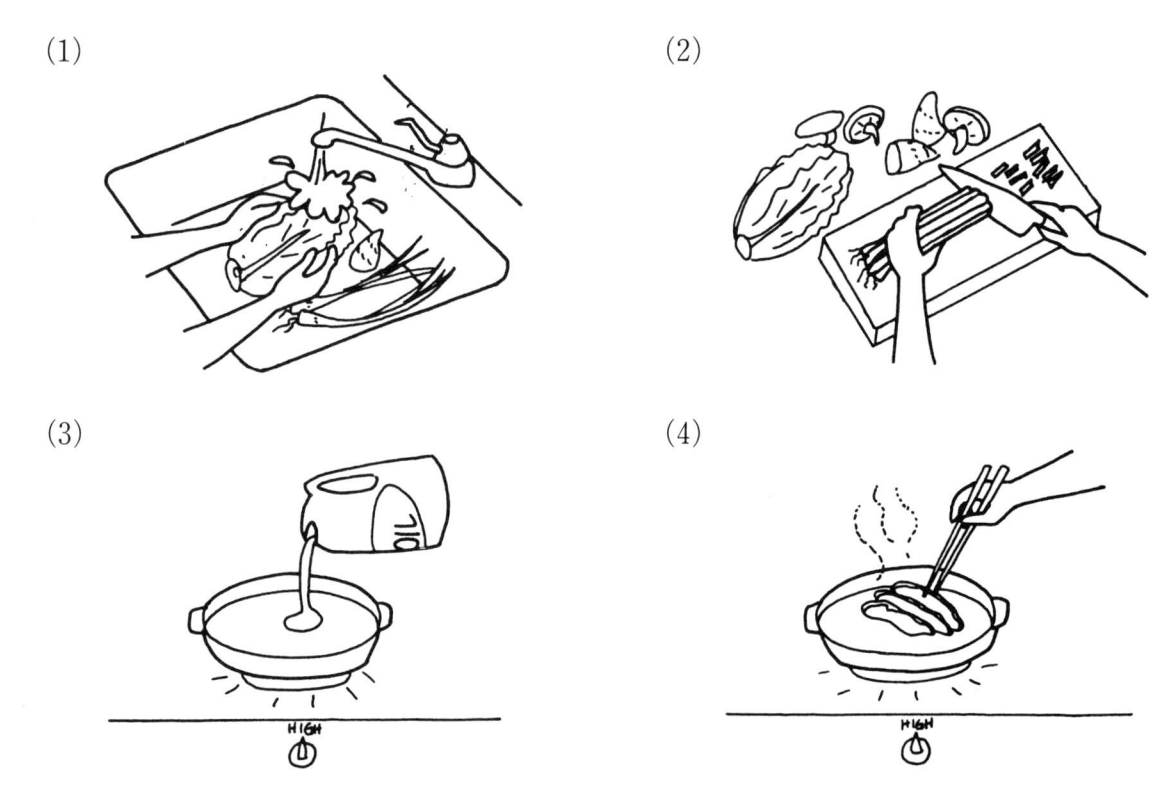

(1)　(2)

(3)　(4)

1, 2　ざいりょうを　あらって、きります。

3　なべに　サラダオイルを　すこし　いれます。

4　つぎに、ぎゅうにくを　いれます。

(5) (6)

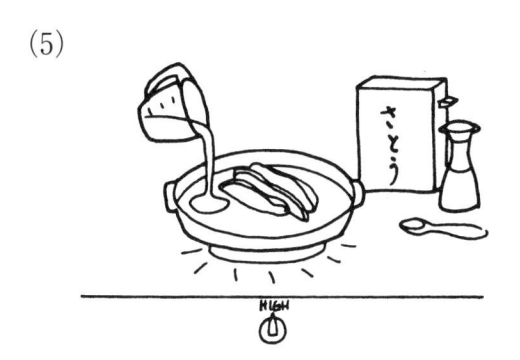

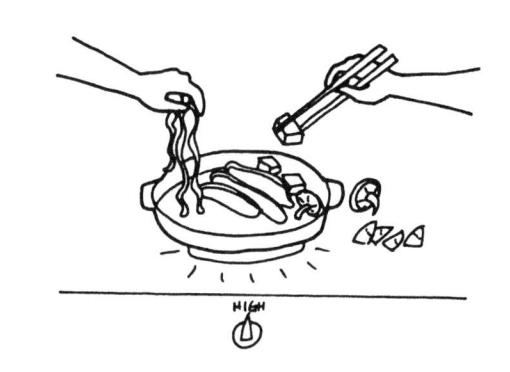

(7)  (8)

5 それから、しょうゆと さとうと だしと みずを いれます。

6 そして、しらたきと しいたけと たけのこを いれます。
　……しばらくしてから、とうふを いれます。

7 さいごに、はくさいと ねぎを いれます。

8 ぜんぶ にえるまで まちます。

9 ごはんと いっしょに たべます。

(9) すきやき　おちゃ　さら　おはし　ごはん

すきやきのざいりょう（ふたりまえ）

ざいりょう	ぶんりょう (Amount)
ぎゅうにく（すきやきよう）	8オンス
はくさい	1/4
しらたき	9オンス
ねぎ	6ぽん
とうふ	1/2
しいたけ	4まい
たけのこ	すこし
セロリ	1ぽん
*こめ	1カップ

*たけのこは　かんいり (canned) を　かっても　いいです。

ちょうみりょう (Seasonings)

しょうゆ	1/2カップ
さとう	1/4カップ
だし (dried soup stock)	1スプーン
サラダオイル	すこし

Lesson 30:　すきやき　(3)

Situation:　あした　すきやきを　つくるから、すきやきの
　　　　　　ざいりょうを　かいに　いきました。

せんせい：　みなさん、すきやきの　ざいりょうを　かいましたか。

ジム　　：　はい。　ぼくたちは　とうふを　みっつ　かいました。
　　　　　　それから、ねぎも　かいました。

リサ　　：　ぜんぶで　いくらでしたか。

マーサ　：　五ドル　二十セントでした。

アン　　：　わたしたちは　ぎゅうにくを　一ポンドと　はくさいを
　　　　　　ひとつ　かいました。

リサ　　：いくらでしたか。

じゅん　：みんなで　十八ドル　四十六セントでした。

みき　　：わたしたちは　しらたきを　ふたつ　かいました。

　　　　　それと、おしょうゆを　いっぽん　かいました。

マーク　：ぜんぶで　四ドル　九十三セントでした。

ケン　　：ぼくたちは　さとうと　しいたけと　たけのこを　かいました。

リサ　　：ちょうど　六ドルでした。

せんせい：みなさん、ごくろうさまでした。

　　　　　では、あした　すきやきを　つくりましょう。

A　Vocabulary

1	*かいに　いきました	went to buy	*See Grammar Points.
2	ぼくたち	we（men）	
3	わたしたち	we	
4	*みっつ	three things	
5	*いくらでしたか	How much were they?	
6	ぜんぶで	in all	
7	とうふ	tofu; bean curd	
8	セント	cent	
9	*ひとつ	one thing (in general)	
10	*いっぽん	one (long one)	

11	さとう	sugar	
12	たけのこ	bamboo shoot	
13	はくさい	Chinese cabbage	
14	ちょうど	exactly	
15	みんなで	in all	ぜんぶで 'in all'
16	ごくろうさまでした	Thank you for your trouble.	
17	*ごちそうさま	Thank you for the treat.	
18	*に (Particle)	* See Grammar Points.	
19	*で (Particle)	* See Grammar Points.	
20	*ふたつ	two things (in general)	

Notes

1 いくらでしたか ＝ いくらだった？   * See Grammar Points.

2 ごちそうさま   * Ritual expression after eating or drinking

　　　　　Cf. いただきます （L. 27）

3 (one thing) ひとつ　　(two things) ふたつ　　(3) みっつ

　(4) よっつ　　(5) いつつ　　(6) むっつ　　(7) ななつ

　(8) やっつ　　(9) ここのつ　　(10) *とお

　* Don't write とう for ten things.

4 いっぽん　にほん　さんぼん　よんほん　ごほん

　ろっぽん　ななほん　はっぽん　きゅうほん　じゅっぽん

　* Don't say neither よほん nor しほん.

B   Grammar Points

   1   Counters:　　a) Things in general　　ひとつ／ふたつ／……

                             b) Something long　　　　＃ほん／ぽん／ぼん

                             c) Something flat　　　　＃まい

                             d) Currency　　　　　　　＃ドル／セント／えん

                             e) Weight　　　　　　　　＃ポンド／オンス

   2   Copula-informal

        fomal　　　　　　　　　　　　　　　informal

        N です……………………………………… N だ

        N でした ……………………………… N だった

        N じゃありません ……………………… N じゃない

        N じゃありませんでした……………… N じゃなかった

   3   Particle:　に　　V-stem に……indicates purpose of going or coming

                   e. g. みに いきました　　'I went to see.'

             で　　みんなで／ぜんぶで　　'in all'

                  ３ぼんで ５ドルです　'It's $5 for three.'

C   Sentence Pattern

   1   X を　＃C　V:　かいました／つくりました

   2   ＃Cで
　　　ぜんぶで　　＃ドル＃セント　です／でした
　　　ちょうど

   3   V-stem に　V:　いきます／きます／かえります

APPENDIX
SENTENCE PATTERN

Lesson 16

1　X は　ありませんか

2　Place は　Place の　Locative に　ある／あります

3　Person は　X を　V ている／V ています

4　Sentence 1　そして、Sentence 2

Lesson 17

1　V たいんですが

2　Place は　どこでしょうか

3　Place は　Place の　Locative です

4　Person に　きく／ききます

5　X が　わからない／わかりません

Lesson 18

1　なんに　する？／しますか

2　X に　V:　する／します

3　Sentence 1　それから、Sentence 2

4　X が　V-stem たい

5　V
　　Adj.　　けど、Sentence 2
　　N だ

6　Place で　V-action:　みている

7 V
   Adj.   〕から、Sentence 2
   N だ

Lesson 19

1 X と　Y を
   X か　Y を   〕V: おねがいします／ください／どうぞ
   X と　Y も

2 どんな X が　Adj.ですか

3 Sentence 1　それと、Sentence 2

Lesson 20

1 V が……／です　が……

2 X や　Y も　V

3 X は　どう？／どうですか

4 Time　ごろ　V

5 V ない？／V ませんか

6 Person／Place に　V: でんわを　かける／かけます

Lesson 21

1 X を　V: しっている

2 でんわばんごうは　#の#（ばん）です

3 どうして？／どうしてですか？

4 V-informal
   Adj.   〕からです
   N だ

5 V ても　いい？／いいですか

Lesson 22

   1 Person／Place から　でんわです

   2 Xは　Language で　なんて　いう？／いいますか

   3 Xは　Language で　Yって　いう／いいます

   4 Xは　Yじゃない？／じゃありませんか

   5 Xは／を　もう、V？／Vましたか

Lesson 23

   1 Vましょう
      Vよう／V[O]う
      こよう／しよう

   2 Vて／Vてください

Lesson 24

   1 なんで　いく？／いかない？

   2 Transportation で　V：いく／いかない？

   3 Person は　Xが　Adj.／な N

   4 V（よ）うか／Vましょうか

   5 Sentence 1　でも、Sentence 2

Lesson 25

   1 Xは　Place に　V：つく／つきます

   2 どのぐらい　V：かかる？／かかります

   3 Time ぐらい　V：かかる／かかります

   4 Place から　Place まで

   5 Place を　V：でる／でます

    6 Person を　Place で　まっている／まっています

Lesson 26

    1 V ても　いい？／いいですか

    2 V ては　いけません／V ちゃ　だめよ

    3 V て、Sentence 2

Lesson 27

    1 X を　どうぞ

    2 X は　Y で、Sentence 2

    3 X は　Adj.そう（です）

    4 Place でも　V：にんきがある

    5 すこし／ちょっと　＋　Adj./V

    6 たくさん　V

Lesson 28

    1 Material で　V：つくる／つくります

    2 X って　なに？／なんですか

    3 X は　どうだった？／どうでしたか

    4 とっても／けっこう　＋　Adj.

Lesson 29

    1 X は　Y でしょう？

    2 X の　V-stem かたを　V：しっている／しっています

    3 なにが　いる／いりますか

    4 どのぐらい　いる？／いりますか

Lesson 30

1. X を　#C　V:　かう／かいます

2. #C で
 ぜんぶで 　┐ #ドル#セントです
 ちょうど　┘

3. V-stem に　V:　いく／くる／かえる

INTERROGATIVE

Lesson 16	どこに ありますか。
Lesson 17	どこ でしょうか。
Lesson 18	なんに する？
Lesson 19	どんな Xが いいですか。
Lesson 20	なんじごろ？
	Xは どう？
Lesson 21	どうして？
	なんばん ですか。
Lesson 22	Xは なんて いうの？
Lesson 24	なんで いく？
Lesson 25	どのぐらい かかる？
	Xは どう？
Lesson 26	だれと いくの？ (L. 10)
Lesson 28	いつ ですか。(L. 9)
	Xって なんですか。
	どこで たべたの？
	Xは どうだった？
Lesson 29	なにが いりますか。
	どのぐらい いりますか。
Lesson 30	いくら でしたか。

ADJECTIVE

	Informal-neg. stem—くない	Informal-past stem—かった	Informal-neg. -past stem—くなかった
おおきい	おおきくない	おおきかった	おおきくなかった
*たい	—たくない	—たかった	—たくなかった
あたらしい	あたらしくない	あたらしかった	あたらしくなかった
たかい	たかくない	たかかった	たかくなかった
やすい	やすくない	やすかった	やすくなかった
*いい	よくない	よかった	よくなかった
うまい	うまくない	うまかった	うまくなかった
にがい	にがくない	にがかった	にがくなかった
おいしい	おいしくない	おいしかった	おいしくなかった
あまい	あまくない	あまかった	あまくなかった
からい	からくない	からかった	からくなかった
しおからい	しおからくない	しおからかった	しおからくなかった
すっぱい	すっぱくない	すっぱかった	すっぱくなかった

Adjective-stem ＋ そう   e. g. あまそう   '(It) looks sweet.'

な NOMINAL

	Informal-neg. ＋ じゃない	Informal-past ＋ だった	Informal-neg.-past ＋ じゃなかった
じょうず	じょうずじゃない	じょうずだった	じょうずじゃなかった
へた	へたじゃない	へただった	へたじゃなかった
すき	すきじゃない	すきだった	すきじゃなかった

COUNTER

Lesson 18	ドル	dollar
Lesson 20	にん／り	people
Lesson 21	ばん	phone number
Lesson 23	まい	flat objects
Lesson 25	じ	o'clock
	ふん／ぷん	minute
	じかん	hour
Lesson 29	オンス	ounce
Lesson 30	セント	cent
	ポンド	pound
	ぽん／ぼん	long objects
	ひとつ／……	things in general

VERB

1. Formal: —ます／—ません／—ました／—ませんでした

2. Informal: There are three classes of informal verbs according to conjugation.

   a) [ru]-Verb: Remove ます and add る

   e.g. たべます — たべる

   b) [u]-Verb: Change consonant before ます to the consonant on the [U] line.

   [u] line: ⓒく ⓢす ⓣつ ⓝぬ ⓕふ ⓜむ ⓨゆ ⓡる ⓤう

   e.g. かきます — かく

   はなします — はなす

   c) Irregular: します — する

   きます — くる

3. て form …… See Verb て in the following page on D.

A. [ru]-Verb

Informal-neg. V-stem ない	Formal V-stem ます	Informal V-stem る	Inf.-volitional V-stem よう
かけない	かけます	かける	かけよう
おしえない	おしえます	おしえる	おしえよう
たべない	たべます	たべる	たべよう
いない	います	いる	いよう
みない	みます	みる	みよう

B. [u]-Verb

Informal-neg. [a]ない	Formal [i]ます	Informal [u]	Inf.-volitional [o]う
さがさない	さがします	さがす	さがそう
*ない	あります	ある	―
いかない	いきます	いく	いこう
きかない	ききます	きく	きこう
すかない	すきます	すく	―
のまない	のみます	のむ	のもう
きらない	きります	きる	きろう
つかない	つきます	つく	―
またない	まちます	まつ	まとう
つくらない	つくります	つくる	つくろう
わからない	わかります	わかる	―
いわない	いいます	いう	いおう
もっていかない	もっていきます	もっていく	もっていこう
はじまらない	はじまります	はじまる	―
しらない	しります	しる	(しろう)
はなさない	はなします	はなす	はなそう
かからない	かかります	かかる	―
かえらない	かえります	かえる	かえろう
かかない	かきます	かく	かこう

いらない	いります	いる	—
かわない	かいます	かう	かおう
つかわない	つかいます	つかう	つかおう

C. Irregular

Informal-neg.	Formal	Informal	Inf.-volition
こない	きます	くる	こよう
しない	します	する	しよう

べんきょうします／そうだんします／ちゅうもんします

D. Verb て

a) Usage

ーて います	'be doing' ············· action continuing
ーて います	'the state resulting from an action'
ーて ください	'Please do' ················ polite request
ーても いいです（か）	'You may do/May I do? ··· permission
ーては いけません	'You shouldn't do'············ prohibition
ーて、Sentence 2	'do, and S. 2' ················ conjunctive

b) Form（V-informal-past, V た, takes the same stem as V て.）

[ru]-Verb	V-stem ＋ て	V-stem ＋ た
かけます	かけて	かけた
おしえます	おしえて	おしえた

たべます	ー たべて	ー たべた
います	ー いて	ー いた
みます	ー みて	ー みた
でます	ー でて	ー でた

[u]-Verb

さがします	ー さがして	ー さがした
あります	ー あって	ー あった
いきます	ー いって	ー いった
ききます	ー きいて	ー きいた
すきます	ー すいて	ー すいた
のみます	ー のんで	ー のんだ
きります	ー きって	ー きった
つきます	ー ついて	ー ついた
まちます	ー まって	ー まった
つくります	ー つくって	ー つくった
わかります	ー わかって	ー わかった
いいます	ー いって	ー いった
もっていきます	ー もっていって	ー もっていった
はじまります	ー はじまって	ー はじまった
しります	ー しって	ー しった
はなします	ー はなして	ー はなした

かかります	― かかって	― かかった
かえります	― かえって	― かえった
かきます	― かいて	― かいた
いります	― いって	― いった
います	― かって	― かった
つかいます	― つかって	― つかった

E. Verb-volitional

  a) Formal: V-stem ＋ ましょう   'Let's do'

               V-stem ＋ ましょうか   'Shall we do?'

  b) Informal: [ru]-Verb ················ V よう

                [u]-Verb ················ [O] う

                Irregular ················ しよう／こよう

                V-volitional-informal ＋ か   'Shall we do?'

F. Copula   N/Adj./な N ＋ Copula

  a) Formal: ― です

             ― でした

             ― じゃありません

             ― じゃありませんでした

             ― でしょう？   'It's X, isn't it?'

             ― でしょうか   'I wonder if it is X.'

b) Informal: 　— だ

　　　　　　　— じゃない

　　　　　　　— だった

　　　　　　　— じゃなかった

　　　　　　　— じゃない？

c) Continuative form:　　で　　　'and'

　　　　　　e.g. これは　にほんちゃ<u>で</u>、それは　こうちゃです。

VOCABULARY

Particles are marked with * in the entry.

あ

		Lesson
あ	Oh	16
ある	there is	16
ありませんか	Isn't (a place) here?	16
ありがとうございました	Thank you	16
あたらしい	new	17
ああ	Oh	17
アイスクリーム	ice cream	19
ありがとう	Thank you.	20
あとでね	later	21
あさ	morning	25
あぶらあげ	fried tofu; bean curd	27
あまかった	was sweet	28
あまい	sweet	28

い

いきたいんですが	want to go, but	17
いきたい	want to go	17
いく	to go	17
いらっしゃいませ	Welcome!	19
いい	good	19
いいわよ	O. K.; (It's) all right.	21
いう	to say	22
いって	Please say.; Please tell.	22
いいます	to say	22
いかない？	Won't you go?	24
いく？	Will you go?	24
いこうか	Shall we go?	24
いってもいい？	May I go?	26
いってもいい	You may go.	26
いって、	go/went and * See Grammar Points.	26
いらっしゃい	Welcome.	27
いなりずし	inarizushi; fried bean curd sushi	27
いただきます	I'll take it.	27
いります	to need	29
いくらでしたか	How much were they?	30
いっぽん	one (long one)	30

う　　　　　　　　　　　　　　　　　　　　　　　　　　　　　　　Lesson

うしろ	back; behind; rear	16
ううん……	Hmmm. . . ; Let me see.	18
ウェイトレス	waitress	19
うんてん	driving	24
うまくない	is not good at; is unskillful	24
うまい	is good at; is skillful	24

え

えき	station	16
えっ	What?	22
え	picture	23
ええとね	Let me see.	25
えいご	English	29

お

おおきい	big	16
おんなのひと	woman	17
おなかがすいた	I am hungry.	18
おねがいします	Please.	19
おちゃ	Japanese tea; green tea	19
おみそしる	miso-soup	19
おまちください	Please wait.	19
オレンジジュース	orange juice	19
おやすみ	Good night.	20
おでんわ	telephone	22
おしえて	Please teach me.	23
おしえる	to teach	23
おたふく	round-cheeked woman	23
おひる	noon	25
おそく	late	26
おいしい	delicious	27
おす	vinegar	27
おいしそう	looks delicious	27
おいしかった	was delicious	28
オンス	ounce	29
おこめ	uncooked rice	29

		Lesson
か		
かど	corner	16
*から	because	18
*が	* See Grammar Points.	18
かわく	to be dry	18
*か	or	19
*から	from	22
かるた	Japanese playing cards	23
かお	face	23
かかる	to take; to spend	25
かえってはいけません	(You) shouldn't return.	26
かえる	to return; to go/come home	26
かんぴょう	dried gourd strips	27
からい	hot; spicy; (salty)	28
かいにいきました	went to buy	30
かう	to buy	30
き		
きっさてん	coffee shop	16
ぎんこう	bank	17
きいています	is asking	17
きく	to ask	17
きみは？	You?	22
きみ	you	22
きりましょう	Let's clip.; Let's cut.	23
きる	to cut	23
きをつけて	Be careful.	26
ぎゅうにく	beef	28
く		
くるま	car	16
くしかつ	skewered cutlet	18
くる	to come	20
くち	mouth	23
グレイハウンド	Greyhound Bus	25
ぐらい	about	25
グリーンオニオン	green onion	29

		Lesson
け		
けど	although; but	18
ケーキ	cake	19
ゲーム	game	23
けっこう	quite; good enough	28
こ		
コーヒーショップ	coffee shop	16
こうこう	high school	16
このへんに	in this area	16
ごちゅうもんは？	What is your order?	19
ごちゅうもん	order	19
ごはん	cooked rice	19
こうちゃ	English tea; black tea	19
コーヒー	coffee	19
コーラ	cola	19
こんばんは	Good evening.	20
こない？	Won't you come?	20
ごろ	about; approximately	20
こんばん	tonight	21
こんしゅう	this week	24
ごご	afternoon	25
こめ	uncooked rice	29
ごくろうさまでした	Thank you for your trouble.	30
ごちそうさま	Thank you for the treat.	30
さ		
さがしています	is looking for	16
さがす	to look for	16
さき	ahead	17
サラダ	salad	18
サンドイッチ	sandwich	19
サンフランシスコ	San Francisco	24
さかな	fish	28
サラダオイル	salad oil	28
ざいりょう	ingredients; material	29
さとう	sugar	30

し

		Lesson
ジュース	juice	18
しょうしょう	a little	19
しっている？	Do you know?	21
しっている	I know	21
しる	to know	21
しらなかった	didn't know	21
した？	Did you do?	22
している	is doing	22
（X）じゃない？	Isn't it (X)?	22
（X）じゃありませんか	Isn't it (X)?	22
じゃ、また	well; then	22
しましょう	Let's do.; Let's play.	23
しよう	Let's do.; Let's play.	23
じょうだんじゃない	No kidding.	24
じょうだん	joke	24
じょうず	good at	24
シアトル	Seattle	25
じかん	hour	25
じこくひょう	time table	25
しいたけ	dried mushroom	27
しおからい	salty	28
しらたき	yam noodles	29
しょうゆ	soy sauce	29

す

すみませんが	Sorry to bother you, but	16
すみません	Excuse me.	16
スーパー	supermarket	17
すく	is empty	18
スープ	soup	19
する	to do	22
スケジュール	schedule	25
すし	sushi	27
すこし	a little	27
す	vinegar	27
すき	to like	28
すきやき	sukiyaki	28
すっぱい	sour (taste)	28

		Lesson
せ		
せんしゅう	last week	28
セロリ	celery	28
ぜんぶで	in all	30
セント	cent	30
そ		
そして	and	16
そうですか	Is that so?	17
そうねえ……	Let me see.	18
そうね	That's right.; I think so too.	18
それから	and then; after that	18
それと	in addition to (it); and also	19
それを	that one; those	19
そう？	Really?; Is that right?	21
そうですか	Is that so?	21
それは いい	That would be good.	23
そうだなあ……	Let me see.	24
そうだんしています	is discussing with	25
そうだんする	to talk (it) over	25
そう	That's right.	25
そうです	That's right.	27
そうよ	That's right.	27
そうですよ	That's right.	27
そとがわ	outside	27
(Adj.) そう	looks	27
ソイソース	soy sauce	29
た		
だいがく	university	16
(V) たい	to want to (V)	17
たかい	expensive	18
たべたい	to want to eat	18
たべる	to eat	18
だ	＊See Grammar Points.	18
タクシー	taxi; cab.	24
ダウンタウン	downtown	25
だいじょうぶ	all right; no problem	26
だめ	No, you shouldn't; no good	26
たまご	egg	27

		Lesson
たくさん	a lot	27
たべてね	Please eat.	27
たべてくださいね	Please eat.	27
たべもの	food	28
たべた	ate	28
たけのこ	bamboo shoot	30

ち

ちゅうしゃじょう	parking lot	16
ちゅうか	Chinese cuisine	18
ちゅうもんしています	is ordering	19
ちゅうもんする	to order	19
ちゃ ＝ ては	* See Notes.	26
ちょうど	exactly	30

つ

つぎ	next	16
ついています	added to; come with	19
つく	to attach	19
つくりましょう	Let's make.	23
つくる	to make	23
つく	to arrive	25
つかいます	to use	29
つくりかた	how to make; a way of making	29

て

(X) でしょうか	* See VERB (F) in Appendix.	17
てんぷら	tempura	18
*で	at a place	18
でんわ	telephone	20
でんわします	to make a telephone call	20
でんわをかける	to make a telephone call	20
でんわばんごう	telephone number	21
でんわしても いい？	May I call you?	21
*で	in (language)	22
テレフォン・ナンバー	telephone number	22
*(X) って ＝ と	* See Grammar Points.	22
でも	But	24

		Lesson
*で	by (transportation)	24
でんしゃ	train; street car	24
でる？	leave?	25
でる	to leave	25
*でも	* See Grammar Points.	27
*で	by means of (material)	28
でしょう？	I guess it is X, isn't it?	29
Xって いいます	(It is) called X.	29
*で	* See Grammar Points.	30

と

どこに	Where?	16
どういたしまして	You're welcome.	16
トイレ	toilet	16
どこ	Where?	17
とうきょうぎんこう	The Bank of Tokyo	17
となり	next door	17
ドル	dollar	18
とんかつ	pork cutlet	18
* XとY	X and Y	18
どんな	What kind of X?	19
どう？	How about (it)?; How is (it)?	20
どうして？	Why?	21
*と ＝ って	* See Grammar Points.	22
どようび	Saturday	24
どのぐらい	How long?; How much?	25
どうぞ	please	27
とっても	very; very much; extremely	28
ともだち	friend	28
どうだった？	How was (it)?	28
とりにく	chicken	28
どのぐらい	How much?; how long?	29
とうふ	tofu; bean curd	30

な

なか	inside; in	16
なんにする？	What will you order?	18
なんばん	what number	21
なんていうの？	What do you call (it)?	22
なんで	By means of what?; How?	24

		Lesson
ない	doesn't exist; doesn't have	25
なにが	What?	29

に

*に	* See Grammar Points.	17
にほんしょく	Japanese food	18
*に	* See Grammar Points.	18
にん	Counter for people	20
にほんちゃ	Japanese tea; green tea	27
にがい	bitter	27
*に	* See Grammar Points.	30

ぬ

ね

ねぎ	green onion	29

の

のどがかわいた	I'm thirsty.	18
のみたい	want to drink	18
のむ	to drink	18
*の	* See Grammar Points.	21
のりかえ	transfer	25
のり	dried seaweed	27
のみもの	drinks	29

は

パーキング	parking lot	16
ハンバーガー	hamburger	19
はなしたい	to want to talk	21
はなす	to talk; to speak	21
はじまる	to begin; to start	21
パソコン	personal computer	21
はなや	flower shop	16
はな	nose	23
バス	bus	24
ハワイ	Hawaii	24
バンクーバー	Vancouver	24

		Lesson
はん	half	25
はなしています	is talking	26
はくさい	Chinese cabbage	30

ひ

びょういん	hospital	16
びよういん	hair salon	16
ひだり	left (side)	16
ひこうき	airplane	24
ひる	noon	25
ひとりまえ	one serving	29
ひとつ	one thing (in general)	30

ふ

ふくわらい	fukuwarai (a Japanese game)	23
ふね	ship; boat	24
ぶたにく	pork	28
ふたつ	two things (in general)	30

へ

ヘアーサロン	hair salon	16
べんきょうします	to study	21
へた	not good at	24

ほ

ほんとう？	Really?	20
ポテトチップ	potato chips	20
ほんとう	really	27
ほうれんそう	spinach	27
ぼくたち	we (men)	30

ま

まえ	front	16
まって	Please wait.	20
まつ	to wait	20
まだ	(not) yet	22
まゆ	eyebrow	23

		Lesson
まい	counter for flat things	23
まっている	is waiting; will wait	25
まきずし	makizushi; rolled sushi	27

み

みぎ	right (side)	16
みち	way, street, road	17
みています	is looking (at)	18
みる	to look (at)	18
みず	water	19
みそしる	miso-soup	19
みんなで	all together	23
みみ	ear	23
みっつ	three things (in general)	30
みんなで	in all; altogether	30

む

め

メニュー	menu	18
め	eye	23

も

もうすこし	a little more	17
*も	also; too	19
もしもし	Hello (on the telephone)	20
もっていく	to take (something to a place)	20
もう	already	22

や

やすい	cheap; inexpensive	18
やきそば	fried noodles	18
*XやY	X, Y and others	20
やさい	vegetable	28
ヤムヌードル	yam noodles	29

		Lesson
ゆ		
ゆうびんきょく	post office	16
ゆうがた	evening	25
よ		
よこ	side	16
よる	night	26
ら		
らいしゅう	next week	28
り		
り	counter for people	20
りょこう	travel	24
リスト	list	29
る		
れ		
レストラン	restaurant	18
ろ		
わ		
わかりません	do not know	17
わあ	Exclamation: Wow!	20
わかった？	Did/Do (you) understand?	22
わかった	(I) understood./understand.	22
わかる	to understand	22
わたしたち	we	30
を		
＊を	＊ See Grammar Points.	25

にほんかい

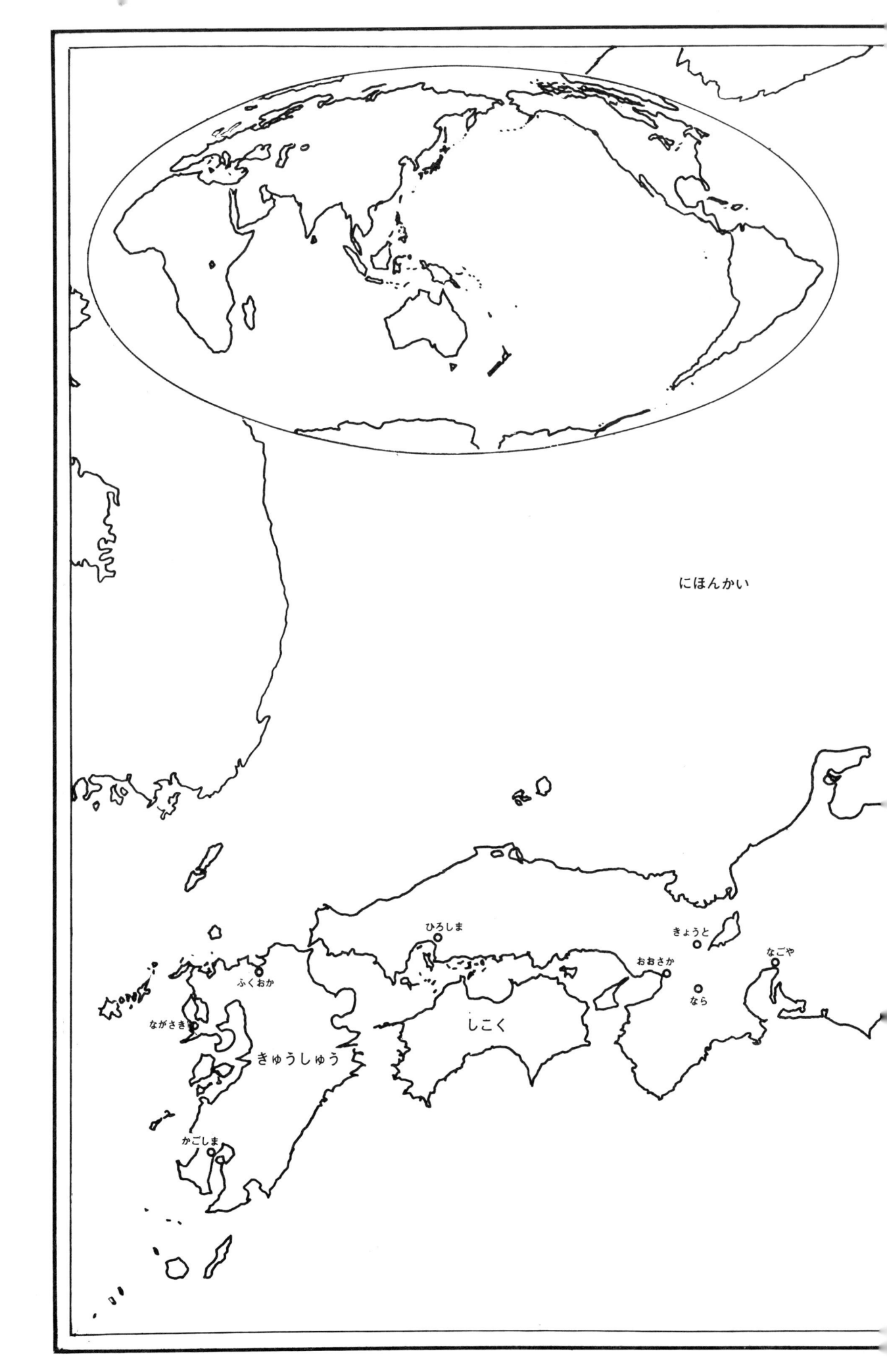

ひろしま
きょうと
おおさか
なごや
ふくおか
なら
ながさき
しこく
きゅうしゅう
かごしま